AF619894

LA TERRE ET LE CIEL

DESCRIPTION

DE

L'OBJET D'ART GÉOGRAPHIQUE ET COSMOGRAPHIQUE

DE

M. CHOVIN

(de Die)

Breveté s. g. d. g.

Ancien ouvrier menuisier,

Auteur du *Conseiller des Compagnons*.

Ce travail est exposé au Palais de l'Industrie
Exposition des sciences appliquées à l'Industrie
VIIe GROUPE, CLASSE 60
(Section de Géographie et d'Astronomie)

Prix : 60 centimes.

EN VENTE

A L'EXPOSITION, A COTÉ DU MONUMENT

ET CHEZ L'AUTEUR

4, Avenue du Maine, 4

Paris — 10 juillet 1879

PARIS — IMPRIMERIE TOLMER ET Cie
43, rue du Four-Saint-Germain, 43

LA TERRE ET LE CIEL

DESCRIPTION

DE

L'OBJET D'ART GÉOGRAPHIQUE ET COSMOGRAPHIQUE

DE

M. CHOVIN
(de Die)
Breveté s. g. d. g.
Ancien ouvrier menuisier,
Auteur du *Conseiller des Compagnons.*

Ce travail est exposé au Palais de l'Industrie
Exposition des sciences appliquées à l'Industrie
VIIe GROUPE, CLASSE 60
(Section de Géographie et d'Astronomie)

Prix : 60 centimes.

EN VENTE
A L'EXPOSITION, A COTÉ DU MONUMENT
ET CHEZ L'AUTEUR
4, Avenue du Maine, 4

Paris — 10 juillet 1879

LA TERRE ET LE CIEL

L'Idée qui nous a amené à faire ce grand travail Géographique et Cosmographique.

L'idée de faire ce grand travail nous est venue en pensant à nos grands et riches salons de Paris, ainsi qu'à nos cercles si renommés.

Après avoir passé en revue les divers jeux et accessoires qui en font l'ornement et la distraction, nous avons remarqué qu'il y existait une lacune, et que cette lacune devait être comblée par un objet d'un nouveau genre, digne du XIXe siècle si fécond en toutes choses.

En songeant aux cercles et salons, notre attention s'est également portée sur l'instruction du peuple, si lente et si difficile à se faire. Nous nous sommes donc mis à l'œuvre, sans nous inquiéter des difficultés et des obstacles de toutes sortes que nous rencontrerions sur notre route, pour mener à bonne fin ce grand et utile travail que nous allions entreprendre; car il ne faut pas se le dissimuler, lecteur, la tâche était rude pour nous qui n'avions jamais été assis sur les bancs d'un collége et qui, par conséquent, n'avions reçu qu'une instruction très-secondaire.

Nous sommes de ceux qui, trop nombreux, hélas! après avoir passé quelques années dans une école primaire, ont leur place à l'atelier. Après notre apprentissage, nous avons quitté le toit paternel pour voyager. Notre jeunesse, nous l'avons passée à parcourir la France, dans le but de nous instruire de notre métier et de connaître nos grandes et belles cités.

Nous n'étions donc nullement préparé à faire une œuvre aussi compliquée que celle que nous avons l'honneur de présenter au public : non pas comme travail manuel, puisque c'est notre métier, mais comme travail géographique et scientifique, c'est-à-dire comme objet instructif, comme idée pratique, pouvant, en quelque sorte, conduire à l'instruction spontanée, c'est-à-dire à faire connaître les principales choses du globe et celles du ciel en peu de temps à la masse du peuple, qui, elle aussi, a débuté comme nous, c'est-à-dire par apprendre à travailler pour gagner son pain de chaque jour, au lieu de rester à l'école pour compléter son instruction et apprendre à connaître le globe et les merveilles du ciel.

L'ouvrier ne peut prétendre à devenir un savant en toutes choses ; heureux s'il devient un savant dans le métier qui doit le faire vivre, et compter parmi les célébrités de la famille des déshérités. C'est la seule gloire, le seul honneur qu'il puisse ambitionner. Les places, la fortune fuient devant sa capacité et son intelligence, comme un nuage qui passe sur sa tête, et qu'il espérerait atteindre en courant après. Mouton il est né, mouton il doit vivre et mourir, sauf quelques rares exceptions.

Notre travail peut simplifier de beaucoup la méthode employée jusqu'à ce jour, surtout pour ceux dont nous venons de parler. Car pour le plus grand nombre, lorsqu'ils savent lire, écrire et faire les quatre règles, ils quittent l'école pour l'atelier, l'usine ou la charrue.

L'instruction du peuple sur les différentes choses du ciel et de la terre sera toujours longue et difficile à obtenir si l'on ne change pas de système, surtout pour ceux qu'on sait n'être pas destinés à faire des savants. Il faut, pour ceux qui ne doivent effleurer que les premières notions de l'instruction, une méthode plus simple, plus abrégée, tout en étant plus vaste et plus facile à retenir. Il faut que les enfants du peuple aient quelques notions, quelques aperçus sur les grandeurs de la nature et sur la constitution du ciel, avant qu'ils quittent les bancs d'une école si petite qu'elle soit.

Il est utile que tout ouvrier des villes, tout ouvrier des champs qui aura passé quelque temps à l'école, puisse avoir quelques notions sur notre astre radieux, sur les planètes qui l'entourent et sur les principales constellations, ainsi que sur les étoiles de première grandeur si faciles à reconnaître dans le ciel. Alors, mais seulement alors, les dieux et les mystères n'intimideront plus les ignorants et les peureux. La lumière se fera dans leur intelligence obscure et mal cultivée, et ces mystères divins et surnaturels dont on se sert pour exploiter les ignorants et les tenir dans un état d'abrutissement et de crainte, disparaîtront pour faire place à la lumière, à la réalité des choses : on verra que la nature confirme chaque jour ce que nous enseignent les savants. C'est alors que les amis du peuple pourront se réjouir de ce résultat et dire que l'instruction populaire a fait un grand pas dans la voie du progrès.

Guidé par cette idée et visant à ce but, nous apportons notre petite pierre, qui peut-être sera employée à la reconstruction de l'édifice social, où chacun de nous trouvera la place digne de l'intelligence et de la capacité qu'il possède. Oh ! alors, ce sera la satisfaction générale, au lieu de n'être, comme de nos jours, que la satisfaction de quelques-uns.

En pionnier jamais satisfait, nous nous sommes mis à la recherche des matériaux, c'est-à-dire des documents dont nous avions besoin pour construire et embellir notre œuvre.

Après bien des fouilles et des recherches de toutes sortes pour nous procurer les documents sérieux qui nous étaient nécessaires pour faire cette œuvre unique en son genre, nous nous sommes mis à les grouper le plus harmonieusement qu'il nous a été possible, pour les présenter sous un aspect saisissant et facile à retenir, même pour les personnes qui n'auraient reçu qu'une faible instruction.

Orner, meubler, distraire et instruire avec le même objet, c'est ce à quoi on n'avait pas encore songé ou, du moins, c'est ce qu'on n'avait pas encore réalisé comme nous venons de le faire. C'est une idée simple et pratique que nous émettons. Loin de nous la pensée ou la prétention de nous poser en maître d'école, ni de prétendre à vouloir instruire toutes les honorables personnes auxquelles nous nous adressons, et qui pourront voir et apprécier notre œuvre. Non, ce n'est pas là notre but. Ce que nous avons pensé et ce que nous désirons, c'est de faire appel aux souvenirs de la plupart d'entre elles en faisant passer sous leurs yeux ce que de plus savants que nous, et avant nous, ont eu l'honneur de leur apprendre.

Faire un choix de ce qu'il y a de plus remarquable dans le globe et dans ciel, en faire l'ornement et l'utilité de notre travail pour les moins instruits, pouvant servir de distraction et de curiosité aux hommes de fortune, voilà quel a été notre but. Y avons-nous réussi? Nous n'osons le prétendre; nous attendons l'accueil bienveillant qui, nous osons l'espérer, lui sera fait par la presse et les nombreux visiteurs de l'Exposition, qui nous feront l'honneur de l'examiner.

CHOVIN (DE DIE).

PREMIÈRE PARTIE

L'Utilité de notre objet d'Art dans les Ecoles primaires.

Si l'on veut vulgariser l'astronomie et la rendre plus populaire qu'elle ne l'est de nos jours, il faut que, dans toutes les écoles, sans exception, il y ait un grand planisphère céleste et une grande carte géographique sur lesquels les élèves puissent promener leurs regards et saisir à première vue le panorama du ciel et de la terre. Mais, malheureusement pour les enfants du peuple, il n'en est pas ainsi. Le plus grand nombre de nos écoles sont dépourvues d'un planisphère céleste de grandes dimensions.

Notre objet d'art y serait donc d'une grande utilité, si toutefois on le jugeait digne d'y être admis.

On sait que les élèves aiment la distraction et les choses qui attirent plus particulièrement leur attention. Notre travail qui, par sa forme, ses détails et son ensemble, représente un objet à part dans tout ce qui a été fait comme objet instructif, ne manquerait pas d'attirer leur attention et de captiver leur curiosité. Cette curiosité les obligerait, sans que cela leur fût imposé comme devoir, à apprendre par cœur tout ce qui est groupé sur notre œuvre; lors même que nous la compliquerions davantage, en y mettant beaucoup plus de détails que dans celle dont nous avons l'honneur d'entretenir le lecteur, le résultat serait encore le même.

Le peu de temps que les élèves passeraient, comme récréation, autour de notre objet instructif, serait plus que suffisant pour qu'en peu de temps ils le connussent dans tous ses détails.

Le professeur arriverait facilement à leur inculquer, en peu de leçons, les choses les plus remarquables du globe, ainsi que celles du ciel qui sont représentées sur le parquet de notre monument. Mais, pour activer leur instruction à ce sujet et la rendre plus certaine, pour faire sortir les élèves de la théorie, et les conduire à la pratique, il serait de toute nécessité que l'instituteur ou le professeur les conduisît le soir, au moins deux fois par mois, dans un endroit, le plus propice à cet effet, pour leur montrer le ciel étoilé et leur apprendre à s'orienter et à s'y reconnaître, d'après ce qu'ils auraient vu et appris sur notre objet d'art. Si l'on adoptait ce système, qui, malheureusement, n'est pas plus employé dans les écoles de Paris que dans celles de province, nous sommes persuadé qu'avec quelques bonnes démonstrations de la part d'un bon professeur de cosmographie, la plupart des élèves apprendraient à connaître le ciel aussi bien et plus vite qu'ils apprennent à connaître le globe. On verrait alors ces jeunes gens qui ne passent que quelques années à l'école, ainsi que ceux qui y passent leur jeunesse pour compléter leurs études, s'intéresser davantage à la science astronomique, science un peu trop négligée dans les écoles. On ne les verrait plus, comme on les voit de nos jours, c'est-à-dire très-indifférents à ce qui se passe sur nos têtes.

Une fois qu'ils auraient la clef de ce ciel étoilé, c'est-à-dire qu'ils sauraient reconnaître l'étoile polaire, les constellations circumpolaires et les principales étoiles, qu'on soit bien persuadé qu'ils voudraient en connaître davantage, et qu'ils ne s'arrêteraient pas à mi-chemin. Leur curiosité les pousserait en avant, ils voudraient connaître la ligne du zodiaque, formée par les douze constellations que le soleil est censé parcourir dans une année. Puis viendrait l'étude sur le soleil; ils voudraient en connaître le volume et la constitution. Ensuite ce seraient les planètes. Ils voudraient aussi connaître le volume et la distance du soleil, le nombre d'étoiles que l'on peut compter à l'œil nu et celui qu'on a compté avec l'aide des plus puissants télescopes. Plus ils pénétreraient dans la science, plus ils voudraient la connaître et l'approfondir.

Leur professeur leur apprendrait que l'étoile la plus rapprochée de la terre est Alpha, de la constellation du Centaure, que sa distance de notre globe est de 8,000 milliards de lieues, que sa lumière faisant 77,000 lieues par seconde, met 3 ans 8 mois pour arriver jusqu'à nous; que celle du Cygne met 6 ans 5 mois; que Sirius, de la constellation du Grand-Chien, en met 15; Véga, de la Lyre, 21; que celle qui est au bout de la queue de la Grande Ourse en met 24; Arcturus, du Bouvier, 26; la Polaire, 50; et que la Chèvre, de la constellation du Cocher, met 72 ans, en faisant, comme les précédentes, 77,000 lieues par seconde.

On ne leur laisserait pas ignorer ce qu'est cette petite bande blanche qui traverse le ciel, et qu'on dirait être un petit nuage blanc très-allongé. On la leur montrerait, et on leur dirait que ce qu'ils prennent pour un nuage est une réunion de soleils, qu'on suppose être au nombre de 77 millions! Que cette grande famille de soleils, on la nomme la Voie Lactée, et que notre soleil est un membre de cette nombreuse famille. Oh! alors, ces jeunes gens s'intéresseraient davantage à ce qui existe dans ce vaste univers des cieux, qui, pour eux, a toujours été un mystère. Ils ne sortiraient plus de chez eux sans contempler le ciel étoilé qui ferait leur admiration, et qui, nous osons l'espérer, deviendrait une de leurs plus grandes préoccupations.

La Terre, qui, pour le plus grand nombre, passe pour être la plus belle chose de la création, serait considérée, par ces jeunes gens, sous son véritable point de vue, c'est-à-dire estimée à sa juste valeur. Ils sauraient que notre globe, merveille de la nature, n'est qu'une petite goutte d'eau dans l'océan, un atome dans le vide qui nous entoure de toutes parts, comparée aux autres terres qui gravitent autour de chaque soleil. Et lorsqu'une planète quelconque paraîtrait sur notre horizon, ils seraient des premiers à la reconnaître avant qu'aucun journal ne leur en eût donné connaissance. Ils ne feraient pas ce que le plus grand nombre de Parisiens fait aujourd'hui pour Vénus, qui, tous les soirs, se montre à leurs yeux, avec une clarté éblouissante et d'un volume quatre ou cinq fois plus gros que celui de Sirius. Ils ne prendraient pas cette planète pour une grosse étoile. En la voyant, selon sa place et son volume, ils seraient bientôt renseignés sur la nature de cette nouvelle étoile et se diraient : « C'est une planète qui passe sur notre horizon; son volume est plus ou moins gros que celui de notre terre, sa distance est de tant de millions de lieues de nous. Cela les laisserait bien un peu rêveurs; mais, au moins, ils comprendraient un peu les rouages de cette grande organisation, de ce mécanisme céleste. La science astronomique se vulgariserait davantage; et, du chaume à l'atelier, on parlerait astronomie, sans pour cela avoir passé sa jeunesse dans les colléges, ou ses soirées dans une salle de conservatoire quelconque, pour entendre un savant conférencier.

Lorsque ces petits demi-savants auraient quitté l'école pour l'atelier ou le travail des champs, ils devraient s'entretenir la mémoire et fortifier leurs connaissances cosmographiques avec de petits livres scientifiques mis à leur portée, comme ceux que MM. Flammarion, Amédée Guillemin et autres ont semés dans le public, au lieu de se jeter avec avidité sur des romans à sensation qui ne sont bons qu'à frapper leur imagination et à les détourner d'une bonne et saine instruction.

L'Utilité de notre objet d'Art instructif dans les musées.

A défaut de musées d'arts industriels qui pourraient servir d'écoles à nos ouvriers intelligents, lesquels viendraient y puiser à pleines mains les progrès que la science moderne fait chaque jour, et dans lesquels des objets du genre du nôtre seraient parfaitement à leur place, nous pensons que notre œuvre ne ferait pas tache dans nos musées actuels.

Nous sommes des premiers à reconnaître que ces musées font, comme monuments, l'ornement des grandes villes. Les chefs-d'œuvre qu'ils renferment font partie de la richesse et de la gloire d'une nation.

Ces chefs-d'œuvre, quelquefois inimitables, sortis du pinceau de maîtres dont plusieurs reposent depuis bien longtemps du repos des heureux, feront toujours l'admiration de ceux qui pourront les contempler et les juger à leur juste valeur. Il en est de même de ces marbres superbes que le burin de l'intelligent praticien, et ensuite celui du statuaire, ont façonnés d'une manière si artistique, si ressemblante au modèle, si frappante, dirons-nous, que le visiteur est saisi d'admiration devant ces marbres muets qu'on dirait être vivants.

Tout cela est bel et bien, même très-utile pour faire en tout temps l'admiration des générations futures et leur montrer jusqu'à quel degré d'intelligence leurs pères en étaient arrivés dans la science des beaux-arts.

Cela est très-utile aussi pour servir d'école à tous ces jeunes artistes qui, plusieurs jours de la semaine, viennent cultiver leur intelligence et exercer leurs mains timides et peu sûres devant ces chefs-d'œuvre qu'ils veulent imiter, ou du moins en faire une petite ressemblance.

Mais de cette masse de visiteurs qui, le dimanche et le jeudi, se transporte dans nos musées, combien y en a-t-il qui puissent s'instruire et raisonner sérieusement sur ces chefs-d'œuvre qu'ils viennent visiter, non pour s'instruire, mais plutôt pour satisfaire leur curiosité ou passer quelques heures de loisir? Le nombre en est très-restreint. Et chaque fois que la foule pénètre dans une nouvelle salle où elle trouve quelque sujet qui frappe plus particulièrement ses regards, le mot qui sort de cette foule est celui-ci : « Oh ! que c'est beau ! » Et après cette exclamation, provoquée par la vue d'un rare sujet, le silence se fait de nouveau parmi ces nombreux visiteurs qui, de surprise en surprise, pénètrent dans d'autres salles jusqu'à ce que leur visite soit terminée et leur curiosité satisfaite. Mais à la sortie de ces riches musées où les chefs-d'œuvre de tout genre abondent de toutes parts, quel est le raisonnement de cette foule de visiteurs? quel est son appréciation sur ces tableaux et sur ces statues qu'elle a admirés ? Le plus grand nombre de ces visiteurs ignorent ce que représentent ces statues et ces tableaux, faute d'avoir à bon marché le catalogue des objets exposés, que, d'ailleurs, ils n'ont qu'un intérêt indirect à bien connaître. Tandis que si un objet d'art dans le genre du nôtre y était admis, nous sommes persuadé que la masse des visiteurs se presserait et ferait cercle autour de lui, non pas comme curieux, mais bien dans le but de s'instruire.

Lorsque ces nombreux visiteurs, les ouvriers surtout, pourraient d'un seul coup d'œil embrasser le panorama des principales contrées du globe avec leur population, celui des principales villes, des principaux fleuves et de leur parcours, des principales montagnes et de la hauteur des principaux monuments d'Europe comparée à celle de la plus haute pyramide d'Égypte, etc., etc., lorsqu'ils pourraient, en un mot, parcourir des yeux le globe dans ses principaux détails, quelle ne serait pas leur surprise lorsqu'ils arrêteraient leurs regards sur le ciel étoilé que nous avons représenté sur notre riche parquet? Quelle ne serait pas leur surprise en voyant ce panorama d'un nouveau genre, si incompréhensible lorsqu'on porte sa pensée dans l'immensité des cieux, et pourtant si facile à comprendre et à retenir, en le voyant représenté d'une manière aussi simple et aussi saisissante que nous venons de le faire?

Nous sommes persuadé qu'au bout de quelques visites à notre travail, le public finirait par s'intéresser davantage à la bonne lecture et à ce qui se passe au-dessus de nous. Chaque fois que le ciel serait beau à voir, que les étoiles scintilleraient dans la voûte azurée, un grand nombre de ceux qui connaîtraient notre œuvre s'habitueraient à chercher dans le ciel et à reconnaître ce qu'ils auraient vu sur notre travail.

Puis, une fois qu'ils auraient fait quelques découvertes, c'est-à-dire reconnu quelque grosse étoile, deux ou trois constellations et qu'ils sauraient bien s'orienter, ils prendraient courage et pénétreraient plus loin dans la science astronomique. Ils se mettraient à la recherche de petits ouvrages scientifiques du genre de ceux dont nous avons parlé dans notre chapitre précédent, et avec ces derniers ils compléteraient leurs premières notions. C'est alors que l'on pourrait dire que si tout Français n'est pas un grand savant, du moins il est un petit astronome, et cette science ne serait plus un mystère pour la masse du peuple.

Notre objet d'Art dans les Cercles.

Les Cercles sont, pour la plupart, des endroits de passe-temps, de récréations et de jeux.

Nous osons croire que notre objet d'Art au jeu de Salon n'y ferait pas tache; au contraire, nous pensons qu'il en serait la plus belle parure, ou du moins la plus remarquable et la plus utile.

Notre objet d'Art n'est plus un jeu de Salon ordinaire, comme la plupart de ceux qu'on trouve dans les cercles, cafés et autres lieux. Notre jeu de Salon est un véritable chef-d'œuvre, un objet remarquable sous plusieurs rapports, sous celui de l'exécution et de l'idée créatrice qui en a été le sujet; ensuite, sous celui de l'instruction et des différents jeux qu'on peut y jouer.

Ce travail est une de ces créations exceptionnelles sorties des mains du travailleur. Toutes ces qualités lui feront, croyons-nous, trouver place dans nos principaux Cercles de Paris, ainsi que dans ceux des grandes villes de province.

Lorsqu'un Cercle quelconque possédera notre objet d'art, aucun doute qu'il ne fasse la curiosité de messieurs les abonnés, qui, nous en sommes persuadé, voudront le connaître dans tous ses détails, et cela en guise de récréation. Lorsque ces messieurs seront fatigués de jouer au billard ou à d'autres jeux, de converser ou de faire autre chose, ils viendront se distraire en faisant une petite visite à notre monument. Les uns l'étudieront dans sa partie géographique, les autres s'attacheront plus particulièrement à connaître notre ciel étoilé sur l'horizon de Paris. Puis, le soir, lorsque le ciel serait beau, que les étoiles seraient visibles, qu'aucun nuage ni clair de lune ne viendrait obstruer la vue de l'observateur, ces messieurs s'empresseraient de se mettre aux fenêtres et aux balcons de leur Cercle pour contempler ce beau ciel étoilé, y chercher les étoiles de première grandeur et les constellations que nous avons groupées sur notre œuvre. Puis, fatigués de regarder le ciel et d'y faire des recherches, les groupes se formeraient et engageraient la partie sur ce travail qui ferait leur admiration.

Description des jeux et manière de les jouer.

Tous les jeux, sans exception, se jouent par le moyen du Volant. Pour jouer la Roulette simplifiée, la Poule, le Pair et l'Impair, la partie des Ornements ou lettres alphabétiques, on a besoin de pions. Ces derniers représentent les mêmes couleurs, les mêmes lettres et numéros qui se trouvent sur le Volant.

Sur ledit Volant, il y a deux rangs de plaques et trois rangs de numéros. Le premier rang est celui qui se trouve sur les plaques blanches, les filets et les numéros sont rouges. Le second rang est au-dessous de ce dernier, les plaques sont rouges, et les numéros sont noirs. Le troisième rang est celui qui se trouve entre les petites quilles où frotte la baleine pour désigner les numéros gagnants. Les numéros sont blancs, les lettres alphabétiques sont rouges et noires. Les deux premiers rangs servent à jouer la poule (rouge ou noir); c'est le numéro le plus fort qui est le gagnant. Le troisième rang sert à jouer la roulette, le pair et l'impair et la partie des ornements.

Ces quatre parties différentes les unes des autres peuvent se jouer à la fois ou séparément entre les mêmes joueurs ou différentes sociétés.

Exemple : pour jouer ces jeux divers, il est utile de faire tourner le Volant d'abord; puis, une fois qu'il est arrêté, on commence le jeu.

Cette précaution est pour éviter qu'aucun joueur ne s'exerce sur le jeu, dans l'espoir de gagner plus souvent que le hasard ne pourrait le favoriser.

Jeu de la Poule.

Pour jouer la Poule, le joueur demande un pion de la même couleur sur laquelle il met sa mise, puis on fait tourner le Volant. Une fois ce dernier arrêté, on se rend compte du numéro le plus fort des deux qui se trouvent au-dessus de la baleine, et les joueurs qui ont en mains le pion portant la même couleur que le numéro gagnant, retirent du jeu leur quote-part de la mise, divisée en autant de parties qu'il y a de gagnants. Nous ferons observer que dans cette partie, comme dans toutes celles qui peuvent être jouées sur notre objet d'art, il n'y a jamais de coups nuls, quand même la baleine se trouverait ployée sous la quille. Le numéro compté sera toujours celui d'où vient la baleine.

Jeu de la Roulette.

Pour jouer la Roulette, on demande, comme pour la poule, un pion à celui qui est désigné à cet effet par messieurs les joueurs. Sur ces pions, il y a, d'un côté, un numéro semblable à l'un de ceux qui se trouvent sur le troisième rang du Volant, et, de l'autre côté, un numéro accompagné de lettres alphabétiques. C'est celui sur lequel il n'y a pas de lettres alphabétiques qui sert pour jouer la Roulette. Pour ce jeu-là, il n'y a qu'un seul gagnant, c'est celui qui a en main le pion sur lequel il y a le même numéro que celui désigné par la baleine.

Le Pair et l'Impair.

On joue la partie du Pair et de l'Impair de la même manière que la Poule. Les pions qui servent à jouer la Roulette sont les mêmes que ceux qui servent à jouer la partie du Pair et de l'Impair. Aussi engageons-nous messieurs les joueurs de Roulette à joindre à cette partie celle du Pair et de l'Impair. De cette manière, ce sera partie double, mais en divisant la mise. Voici comment : si la mise est de 1 fr. par joueur pour la Roulette, le gagnant retirera du jeu autant de francs qu'il y aura de joueurs pour cette partie. Pour le Pair et l'Impair, la mise de chaque joueur étant également de 1 fr., les mises de cette partie seront divisées entre les gagnants du Pair ou de l'Impair.

La Partie des Ornements.

La partie des Ornements ou lettres alphabétiques se joue de la même manière que celle de la Roulette. Il n'y a dans cette partie qu'un seul gagnant, c'est le joueur qui a en main le pion sur lequel il y a les mêmes lettres et le même numéro que ceux qui sont sur la plaque désignée par la baleine.

Ces trois parties différentes doivent être jouées ensemble, à condition que chaque partie soit représentée par une mise particulière.

Exemple : supposons cinquante joueurs, la mise est de 1 fr. par joueur et par partie différente, ils mettent donc chacun 3 fr. La mise en jeu est de 150 fr. Le gagnant de la Roulette retire 50 fr. du jeu. Les gagnants du Pair et de l'Impair se partagent la somme de 50 fr. Le gagnant de la partie des lettres alphabétiques prend les autres 50 fr. qui restent sur le jeu.

Pour que la démonstration soit plus saisissante, nous allons engager la partie comme si nous étions en présence du jeu. Nous faisons tourner le Volant, ce premier coup ne compte pas, nous le faisons tourner de nouveau, en le prenant au point où il s'est arrêté au premier coup. Le Volant tourne donc pour la deuxième fois, il s'arrête et la baleine nous indique le numéro 40 et F. comme lettre alphabétique. Le joueur qui a sur son pion le numéro 40 est le gagnantde la Roulette, et l'un des gagnants de la partie des Pairs et des Impairs. Celui qui a le pion sur lequel il y a le numéro 40 et F est le gagnant de la partie des Ornements ou lettres alphabétiques.

La Polka.

La Polka est une partie d'agrément et de distraction pour une société. On peut également la rendre intéressée, cela dépend de messieurs les joueurs. Pour la Polka, tous les joueurs font, chacun à leur tour, tourner le Volant plus ou moins fort. Règle générale (pour tous les jeux indistinctement), il est de toute nécessité que le Volant fasse au moins une fois le tour. S'il ne le faisait pas, le même joueur aurait le droit de recommencer à le faire tourner de nouveau; mais si deux fois de suite, le même joueur ne lui faisait pas faire le tour, messieurs les joueurs seraient en droit de supposer que ledit joueur cherche à amener l'un des plus forts numéros. Alors il serait considéré comme mort, c'est-à-dire comme ayant perdu. Il n'aurait pas droit à un troisième tour, à moins de conventions prises entre messieurs les joueurs. Cela dit, nous allons montrer de quelle manière on joue ce jeu.

Supposons que le premier joueur amène le numéro 1,000,000, qui se trouve au-dessous de l'ornement qui représente la population de la France. Ce numéro ne compte pas, on le saute, comme on fait pour la danse de la Polka, on prend celui de gauche qui est 0, et celui de droite qui est 1. Le premier joueur n'a donc amené que le numéro 1. Le second joueur fait à son tour tourner le Volant, la baleine nous montre le numéro 80,000, qui se trouve sous l'ornement représentant la population de l'Europe. Ce numéro 80,000 est également sauté, on compte celui de gauche qui est 6,000 et celui de droite qui est 3,000. Ces deux chiffres réunis, on obtient le chiffre 9,000. Le deuxième joueur a donc gagné sur le premier. Et ainsi de suite jusqu'à ce que tous les joueurs aient joué chacun à leur tour.

C'est donc celui qui obtient le plus fort numéro qui est le gagnant. Si, par hasard, plusieurs joueurs amenaient le même numéro gagnant, ils se partageraient la mise en jeu.

Le Trente-et-un.

On joue la partie du Trente-et-un sur le premier ou sur le second rang de numéros; c'est au choix de messieurs les joueurs. Dans ce jeu, il n'y a que le premier chiffre qui compte; les autres sont considérés comme nuls. La partie est de trente-et-un, de là son nom. Chaque joueur joue à son tour et sans discontinuer jusqu'à ce qu'il juge prudent de s'arrêter, pour que le dernier numéro amené ne dépasse pas trente-et-un, en y ajoutant les numéros précédemment amenés. Exemple, nous sommes de la partie, et nous jouons le premier. La partie s'engage sur le premier rang de numéro). Nous faisons tourner le volant, ce dernier s'arrête, et la baleine nous indique le numéro 85,000 qui se trouve entre deux ornements, dont l'un représente la population de la Suisse, et l'autre celle de l'Amérique. Nous comptons 8 seulement. Nous faisons tourner une deuxième fois le Volant. et nous amenons le numéro 90,000. Nous comptons : 9 et 8 du premier tour nous font 17. Nous recommençons pour la troisième fois, et nous amenons le numéro 2, ce qui nous fait 19. Nous continuons toujours; et au quatrième tour nous amenons le numéro 8, et 19 que nous avons, nous arrivons au chiffre 27. Nous recommençons pour la cinquième fois; à ce dernier tour, nous amenons le numéro 4, et 27, que nous comptons dans nos quatre fois précédemment jouées, nous arrivons au chiffre 31. Si, au dernier tour de Volant, nous eussions amené le numéro cinq ou tout autre numéro au-dessus de quatre, nous étions mort, c'est-à-dire considéré comme ayant perdu, parce que nous aurions dépassé le chiffre 31. On doit toujours jouer dans le but d'atteindre ce chiffre, mais il est prudent de s'arrêter à 30, si l'on est peu de joueurs; sinon on vise au trente-et-un, et l'on doit chercher à y arriver au risque de le dépasser.

Si, par hasard, tous les joueurs, sauf un seul, qui serait encore à jouer, dépassaient le nombre 31, le dernier joueur serait tenu de jouer jusqu'à ce qu'il eût atteint le chiffre de 29 pour avoir droit à la mise qui serait en jeu. Et si, pour atteindre ce chiffre, il dépassait celui de trente-et-un, il serait, comme ses collègues, au nombre des morts, et la partie serait à recommencer.

Telle est la manière de jouer le trente-et-un, sur notre jeu de salon.

Les Cinq-Cents.

On joue la partie des Cinq-cents de la même manière que celle du trente-et-un. La seule différence qui existe entre ces deux parties, c'est qu'au lieu de ne compter que le premier chiffre du numéro désigné par la baleine, on y ajoute le dernier. Exemple, au premier tour de Volant nous amenons le numéro 1,000,000, nous comptons 10; au second tour, nous amenons le numéro 35, nous comptons 45 en deux fois; au troisième tour, nous amenons 90,000, nous comptons 135; au quatrième tour, nous amenons 8; nous comptons 143; au cinquième tour, nous amenons le numéro 9,500, nous ajoutons 90 à 143 que nous comptons dans nos quatre premières fois; nous avons donc 233 en cinq fois. Nous recommençons, et à la sixième fois, nous amenons le numéro 85,000, nous comptons 313; à la septième fois nous amenons 70,000, ce qui nous fait 383; à la huitième fois, nous amenons le numéro 800,000 et nous comptons 463. Nous recommençons pour la neuvième fois, et nous amenons le numéro 3,000; nous comptons 493, nous devrions nous arrêter à ce chiffre; ce serait peut-être prudent; mais comme nous sommes le premier joueur et qu'il y en a plusieurs après nous, nous nous risquons à jouer encore une fois, et le hasard veut que nous amenions le numéro 7, et 493 que nous comptons : cela fait juste 500.

Chaque joueur imite notre exemple et ne vise plus qu'au 500, au risque de le dépasser; car s'il ne l'atteint pas, il compte parmi les perdants tout aussi bien que s'il le dépasse. C'est donc à lui de faire son possible pour l'atteindre dans l'espoir de compter parmi les gagnants. Si, comme au Trente-et-un, 9 joueurs sur 10 dépassaient les 500, le dixième qui resterait le dernier à jouer serait tenu de jouer jusqu'à ce qu'il ait atteint le chiffre 490, pour avoir droit à la mise sans pour cela être arrivé au cinq cents.

Les Mille.

Ici encore, c'est par le même procédé que celui employé pour jouer le Trente-et-un et les Cinq-cents, qu'on devra jouer la partie des Mille. Mais, au lieu de n'employer que le premier rang de numéros, on emploiera les deux premiers rangs pour former les chiffres, en prenant ceux qui ont servi pour jouer les Cinq-cents et celui du second rang qu'on placera à gauche du premier rang. Exemple : nous faisons tourner le Volant; il s'arrête, et la baleine nous indique le numéro 60,000 au premier rang et au second 150,000. Nous prenons le premier chiffre du second rang qui est 1, nous le plaçons devant le chiffre 60 que nous avons obtenu du premier, et nous comptons 160 pour le premier coup de Volant.

Nous recommençons une seconde fois, et nous amenons le numéro 400,000 au premier rang et celui de 200,000 au second; nous comptons cette fois 240, ajouté au 160 que nous avons du premier coup; nous arrivons au chiffre 400. Nous recommençons, et cette fois nous amenons le chiffre 700,000 au premier rang et 300,000 au second, nous ajoutons 370 aux 400 que nous avons déjà, et nous obtenons le chiffre 770. Nous rejouons, et cette fois nous amenons 3,500 au premier rang et 250 au second rang; ce qui nous fait 230, qui, ajoutés à 770 que nous avons comptés tout à l'heure, nous donnent 1,000.

Pour cette partie des Mille, il est nécessaire de faire comme aux deux parties précédentes, c'est-à-dire de fixer un chiffre que le dernier joueur serait obligé d'atteindre si les autres joueurs avaient tous dépassé mille.

Ce chiffre-là devrait être celui de 900. Mais comme nous l'avons dit déjà, messieurs les joueurs seront toujours libres de faire les conventions qu'ils jugeront convenables entre eux.

La partie simple des gros numéros.

On joue cette partie sur le premier rang de numéros; messieurs les joueurs, chacun à leur tour, font tourner le Volant, et celui qui amène le plus gros numéro gagne la mise. S'ils étaient plusieurs qui amenassent le même numéro gagnant, ils se partageraient la mise ou ils joueraient entre eux jusqu'à ce qu'il n'y eût qu'un seul gagnant.

La partie double.

Pour jouer cette partie, on additionne les deux nombres

désignés par la baleine, celui du premier et du second rang. Le joueur qui arrivera au plus fort chiffre sera le gagnant.

Partie d'agrément et de justesse.

Cette partie, on la joue sur les Ornements extérieurs; voici de quelle manière : on place un ornement quelconque en face de la baleine. Supposons que ce soit celui qui représente la population de l'Europe. Ce sera le point de départ. Le premier joueur fera tourner le Volant de manière que ce dernier ne fasse qu'un tour juste pour revenir au point de départ. La partie sera de trois ou de cinq, c'est-à-dire que chaque joueur jouera trois ou cinq fois de suite. Celui qui arrivera le plus de fois au point de départ en trois ou cinq coups de Volant, sera le gagnant. Mais il est bien entendu que le Volant ne doit faire qu'un tour, et que chaque fois que le joueur l'aura fait tourner, il replacera l'ornement visé en face de la baleine.

Si messieurs les joueurs trouvent qu'il est trop facile d'arriver au point de départ en ne faisant faire qu'un seul tour au Volant, ils pourront s'entendre à ce sujet; et au lieu de ne faire faire qu'un seul tour au Volant, il lui en feront faire deux. La chose deviendrait plus difficile, et la partie serait peut-être plus intéressante. Mais cela ne pourrait se faire que parmi les meilleurs joueurs.

Notre objet d'Art dans les salons ou salles de jeux.

Ici encore notre objet d'art instructif serait d'une grande utilité et ferait une belle et remarquable parure. Nous sommes persuadé qu'il ferait un agréable contraste avec tout ce qui orne et meuble ces riches et somptueux salons dont quelques riches fortunes sont si fières.

Un objet moderne, du genre du nôtre, apporterait un

peu de distraction aux intelligents visiteurs de ces riches salons remplis d'antiquités. Après la distraction, viendrait l'étude de notre œuvre et la méditation sur les principales choses du globe, ainsi que sur les mystères du ciel. La pensée de ces honorables visiteurs se reporterait pour quelques instants au loin dans ces régions peu connues qui font la plus grande préoccupation de nos astronomes et de nos savants. La vue de ce travail exceptionnel les sortirait du morne silence que leur offrent ces meubles et objets d'art antiques, dont quelques-uns ne sont que des objets imparfaits, qui laissent des doutes sur leur origine aussi bien que sur leur antiquité, car l'étiquette ne fait pas la chose surtout au siècle où nous vivons.

Loin de nous la pensée de vouloir critiquer les riches meubles et autres objets d'art dont l'origine n'est point contestable. Ceux-là nous montrent de quelle manière nos devanciers travaillaient la pierre, le cuivre, le bronze et le bois. Non, ce n'est pas là notre pensée. Ce que nous avons voulu dire, c'est que, au milieu de ces meubles et objets divers qui ornent un riche salon, notre œuvre ne produirait pas un mauvais effet. Nous pensons que les honorables personnes qui la posséderaient seraient toujours heureuses de la montrer à leurs invités, soit à l'occasion d'une soirée donnée à des amis de la famille ou à toute autre occasion.

Notre objet d'Art géographique et cosmographique devrait trouver place dans tous les riches salons ou salles de jeux de nos grandes cités. Ce serait toujours une rare curiosité instructive pour ceux qui le posséderaient. Et puis, est-ce que les membres de l'honorable famille du possesseur de notre objet d'art ne viendraient pas de temps à autre faire une visite à notre travail? les uns pour s'y instruire et les autres pour se rafraîchir la mémoire de ce qu'ils auraient appris dans leur jeunesse? Est-ce que les plus jeunes ne prendraient pas du goût pour l'astronomie, en voyant chaque jour se dérouler ce panorama du ciel étoilé que nous avons représenté sur le parquet du monument? Ne les verrait-on pas, chaque fois que le ciel serait beau et couvert d'étoiles, se mettre à leurs fenêtres pour chercher dans le ciel ce que nous leur montrons sur notre travail et en contrôler l'exactitude?

Nous sommes de ceux qui n'aiment pas voir la lumière

sous le boisseau, nous l'aimons voir, rayonnante, éclairer les points les plus obscurs de notre société. Nous désirons voir l'astronomie coudoyer la géographie, aussi bien dans la maison du pauvre que dans les riches salons dont nous parlons. Et pourquoi cela n'aurait-il pas lieu? Pourquoi l'astronomie ne serait-elle pas mise à la portée de tous et enseignée partout? Est-ce qu'il n'est pas aussi utile d'apprendre à la jeunesse quelle est la distance d'une étoile à la terre que de lui apprendre quelle est la longueur d'un fleuve? Est-ce qu'il n'est pas aussi utile de savoir combien on a compté d'étoiles dans le ciel que de savoir combien on compte d'habitants sur la terre?

Mais, pour obtenir cet heureux résultat, il faudrait simplifier les termes astronomiques et les mettre davantage à la portée du peuple.

On devrait, pour les distances, parler un peu plus de lieues et moins de rayons terrestres, etc., etc.

Pour bien vulgariser l'astronomie, on devrait inonder la France de petits livres scientifiques du genre de ceux dont nous avons déjà parlé, et avec lesquels nous avons acquis quelques petites notions sur les astres et sur le ciel.

L'astronomie populaire du savant Arago ne peut être dans toutes les petites bibliothèques; mais ce grand astronome a ouvert la marche en faisant pénétrer l'astronomie chez bien des personnes qui jusqu'alors n'en avaient aucune notion. M. Arago a fait des prosélytes; ceux-ci en feront d'autres, nous l'espérons; mais ces derniers ne devront pas oublier que pour faciliter l'instruction de leurs nombreux lecteurs, ils devront non-seulement faire de petits livres, mais aussi des cartes célestes dans le format d'une carte de France, de manière à aider ceux qui voudraient chercher dans le ciel les étoiles et les constellations dont on leur parlerait dans lesdits petits livres. Ce serait, croyons-nous, le vrai moyen de faire connaître le ciel à toute personne qui voudrait s'en donner la peine.

SECONDE PARTIE

Description du Monument.

Le monument est en bois de chêne; sa hauteur est de 2m,55, sa base est à six pans; son diamètre est de 1m,65. Il est composé de cinq pièces principales, qui sont :

1° Une riche balustrade qui entoure le monument et fait corps avec lui. Cette balustrade est composée de vingt-quatre balustres de 0m,80 de haut; elle est couronnée d'une main courante.

2° Un riche parquet sur lequel est représenté le ciel étoilé sur l'horizon de Paris. Ce parquet est en assemblage et à six pans. Il renferme dix-neuf panneaux triangulaires qui sont enrasés, en parement et en faux parement. Les bâtis sont en chêne, les panneaux en noyer, les planètes en hêtre et les étoiles en bois de buis.

Ce parquet repose sur un autre parquet à claire-voie dans un but de conservation et de garantie. Six roulettes en métal sont sous ledit parquet pour la facilité de changer le monument de place, sans employer plus d'une ou deux personnes.

3° La colonne du bas, ses trois patins sculptés et une table de jeu pour couronnement.

4° Le grand montant supérieur, avec ses ailes et autres accessoires. Sur ce montant est fixé un grand volant.

5° Le grand volant, avec ses plaques et ses vingt-quatre ornements. Ce volant a 1m,20 de diamètre.

Description du Ciel.

Au milieu du ciel étoilé que nous avons représenté sur notre parquet, se trouve le Soleil entouré d'une petite bande rouge qui nous représente sa lumière atmosphérique, celle qui nous éclaire. Le soleil est 1,400,000 fois plus volumineux que la terre. Il tourne sur lui-même en 25 de nos jours, et se déplace avec une vitesse de 240,600,000 kilomètres par an. Il se dirige vers la constellation d'Hercule, dans laquelle, selon M. Amédée Guillemin, il n'arrivera que dans 36,000 ans, et d'après M. Flammarion, ce ne serait que dans quelques millions de siècles qu'il aborderait ces lointains soleils. Nous n'aurons pas le bonheur de le suivre aussi longtemps sur cette route inconnue, ni de savoir si les descendants de notre race seront plus favorisés et plus heureux sous ces nouveaux cieux que sous le nôtre que nous fuyons avec une vitesse de 2 lieues par seconde.

Le soleil n'est qu'une étoile plus ou moins petite que celles que nous voyons chaque nuit briller sur nos têtes. Chaque étoile doit être considérée comme un père de famille ayant plus ou moins d'enfants sous sa direction. Les enfants de notre soleil, ce sont les planètes, visibles et invisibles, qui gravitent autour de lui. Le soleil, à son tour, est poussé par une autre puissance, peut-être par un autre soleil ou par plusieurs soleils à la fois, sur un vaste hippodrome, dont on n'a pas encore calculé la circonférence ni les millions de siècles qu'il mettra à le parcourir.

Tout le ciel, ou, pour mieux dire, tous les astres tournent donc autour d'un point central ; mais où est-il ce point central, ce centre des cieux? A de plus savants que nous à le chercher.

Autour du soleil, sont représentées les huit planètes principales. Chaque planète est entourée de ses satellites.

La plus rapprochée du soleil est Mercure ; sa distance du soleil est de 14,783,000 lieues, son diamètre est d'environ 1,250 lieues, ses années sont de 88 jours.

Vénus circule autour du soleil à une distance de 26 millions de lieues, son volume est un peu plus petit que celui de la terre, ses années sont de 224 jours ; ses montagnes sont plus hautes que les nôtres.

La terre tourne autour du soleil à une distance de 37 millions de lieues, sa circonférence est de 40,069,903 mètres, son diamètre est de 3,200 lieues. La croûte terrestre est d'environ 10 lieues, au delà de cette limite c'est la fournaise, le feu perpétuel qui brûle dans l'intérieur de la terre, où prennent naissance les volcans, qui sont comme de hauts fourneaux au sommet de nos plus hautes montagnes. Ces volcans en ébullition qui, trop souvent, portent la terreur, la désolation et la ruine autour d'eux, sont ce que nous pourrions appeler les soupapes de sûreté de la terre. Ces volcans ont leur raison d'être dans notre mécanisme terrestre, ils nous sont d'une grande utilité malgré les désastres qu'ils occasionnent parfois. Sans eux, la terre serait susceptible de voler en éclats comme une chaudière dont on oublierait d'ouvrir la soupape en temps opportun.

Notre globe doit être considéré comme étant une grande chaudière, toujours chauffée à haute pression, la croûte terrestre lui sert d'enveloppe et de carcasse. Les volcans lui servent non-seulement de soupapes de sûreté, mais aussi, ce que nous pouvons appeler de soupapes de décharge dont le trop-plein de l'intérieur du globe vient se décharger à sa surface par l'intermédiaire de ses volcans.

La vitesse de la terre, dans sa course journalière, est de 6 lieues par minute à l'équateur. Dans la course qu'elle fait autour du soleil, sa vitesse est de 456 lieues par minute. Pour franchir l'espace qui la sépare du soleil, une locomotive de chemin de fer, faisant 15 lieues à l'heure, mettrait 281 ans.

La Lune, qui est le satellite de la terre, est à 90,650 lieues de nous ; son volume est 49 fois plus petit que celui de la terre, son diamètre est de 869 lieues. Elle possède de très-hautes montagnes, mais elles sont sans forêts, c'est une terre morte, déserte et aride, sans atmosphère, sans eaux, sans végétation et sans habitants.

La terre la fait tourner autour d'elle, mais non comme tournent les planètes autour du soleil ; c'est-à-dire qu'elle ne tourne pas sur elle-même, c'est pourquoi nous ne voyons toujours que la même face.

Nos astronomes nous disent qu'elle est sans influence aucune sur la végétation et sur nous-mêmes, et cependant c'est elle qui occasionne nos marées, c'est par la puissance de son attraction qu'elle soulève les eaux des océans. Et cette puissance, cette attraction assez forte pour bouleverser les eaux des océans serait impuissante pour apporter la moindre perturbation sur la frêle constitution de l'espèce humaine! Que disons-nous? sur celle du moindre arbuste, de la moindre plante qui, née le matin, disparaît le soir !

Le savant Arago, et après lui M. Faye, directeur de l'Observatoire de Paris, auront beau nous enseigner que la lune n'a aucune influence sur la végétation ni sur nous, qu'ils trouveront, pendant longtemps encore, des incrédules qui ne voudront pas prendre comme paroles d'évangile ce que nous enseignent ces deux grands savants. Les paysans surtout, eux qui pensent être aussi des astronomes, non pas à comparer aux deux grands savants dont nous venons de parler, car ce serait faire injure à la mémoire de l'un et méconnaître la haute intelligence de l'autre. Mais ils n'en sont pas moins de petits astronomes pratiques, dont l'expérience leur a montré bien souvent qu'ils avaient quelquefois raison. Tout ce qu'ils font pour la taille des arbustes et pour la culture en général, c'est la lune qui est leur guide et leur sert de règle de conduite. Ont-ils raison ? ont-ils tort? Nos deux grands savants nous disent qu'ils ont tort, nous, nous gardons le silence crainte de nous tromper.

Nous savons d'avance qu'on ne serait pas embarrassé pour nous répondre, et qu'on pourrait nous comparer la lune à un aimant, qui lui, selon son volume et sa puissance, attirerait à lui une grosse pièce de fer, tandis qu'il ne ferait pas bouger une paille. Mais cela ne serait pas suffisant pour convaincre les trop nombreux incrédules à ce sujet. Nous croyons qu'un peu plus de détails sur l'influence de la lune sur les corps terrestres ne serait pas nuisible dans l'*Annuaire des longitudes* de l'année prochaine. Peut-être qu'après en avoir pris connaissance, beaucoup d'incrédules se rendraient à l'évidence.

Mars est à 57 millions de lieues du soleil ; son année est de 10 mois plus longue que la nôtre ; son volume est sept fois plus petit que celui de la terre. Il a deux lunes qui circulent autour de lui. Elles ont été découvertes, il y a peu de temps, par un savant astronome de New-York.

Jupiter est éloigné de 200 millions de lieues du soleil ; il tourne sur lui-même en 10 heures; son volume est 1,400 fois celui de la terre, ses années en valent 12 des nôtres. Jupiter a quatre satellites qui circulent autour de lui.

Saturne est à 355 millions de lieues du soleil ; ses années sont 30 fois plus longues que les nôtres. Il tourne sur lui-même en 10 heures 1|2, son volume est 734 fois celui de la terre. Autour de la planète, et à 7,500 lieues de distance, un anneau immense, mesurant 12,000 lieues de largeur et 15 lieues d'épaisseur, tourne avec une rapidité bien supérieure à celle de la planète. Saturne a 8 lunes qui circulent autour de lui.

Uranus est éloigné de 733 millions de lieues du soleil, ses années en valent 84 des nôtres ; son volume est 82 fois plus gros que celui de la terre. Il a 8 lunes qui circulent autour de lui, mais à l'opposé des autres lunes autour de leurs planètes. C'est un mystère que la science astronomique n'a pu encore expliquer.

Neptune est la planète la plus éloignée du soleil; elle en est à 1,147 millions de lieues, ses années sont 164 fois plus longues que les nôtres, son volume est cent fois plus gros que celui de la terre.

Cette planète fut découverte en 1846, d'après les indications qu'avait données M. Le Verrier, directeur de l'Observatoire de Paris.

La science s'arrêtera-t-elle à cette limite? pénétrera-t-elle plus avant? découvrira-t-elle encore quelque terre plus lointaine que Neptune? C'est ce que l'avenir nous apprendra.

Les principales constellations et quelques étoiles de première grandeur.

De ce ciel étoilé que nous voyons au-dessus de nos têtes, deux centres bien distincts nous sont indiqués, l'un par les constellations zodiacales qui nous marquent la ligne de l'écliptique, dont le centre est appelé pôle de l'écliptique. Un peu plus en arrière et sur la même ligne, allant vers le Nord, se trouve le centre de notre ciel ou pôle boréal. Notre pôle se trouve en ligne directe avec une étoile de deuxième grandeur dont nous avons déjà parlé. Cette étoile est celle qui termine la queue de la petite Ourse. C'est notre étoile polaire, et le ciel nous semble tourner autour d'elle toutes les vingt-quatre heures, tandis que c'est nous qui tournons.

L'étoile polaire, nous dit l'intelligent et savant M. Flammarion, dans son *Astronomie populaire* qu'il publie actuellement, possède ce nom depuis plus de mille ans, et le conservera jusque vers 3500 ; ensuite, le pôle s'éloignera d'elle pour n'y plus revenir que dans 25,000 ans. Mais, sur notre route dans l'espace, nous trouverons d'autres étoiles polaires dans la constellation de Céphée, moins brillantes que celle que nous possédons. Mais en l'an 10000 les habitants de notre globe auront pour étoile polaire la belle Alpha de la constellation du Cygne, puis ce sera le tour de Véga, de la Lyre, qui pendant trois mille ans sera l'étoile polaire, et montrera à ces générations futures son éclatante beauté qu'elle fera rayonner du haut de son trône polaire, où on le verra siéger en belle et digne souveraine.

Notre étoile polaire actuelle se trouve entre deux constellations qui peuvent aider ceux qui veulent la chercher. Ces deux constellations sont, d'un côté, la grande Ourse, appelée aussi le chariot de David. Cette constellation est l'une des plus belles du ciel : elle est composée de sept belles étoiles dont l'une est variable, c'est la plus petite des sept, elle se trouve dans un angle du carré, proche du timon. De ces sept étoiles, quatre forment un carré ; elles représentent les quatre roues du chariot ; les trois autres représentent le timon. A l'opposé de cette belle constellation, on rencontre un petit groupe de cinq étoiles, c'est Cassiopée. Tirez une ligne droite du milieu du timon du chariot de David à Cassiopée, prenez le milieu de cette ligne, et vous trouverez l'étoile polaire.

Lorsqu'on veut la chercher au milieu de ce ciel étoilé qui désoriente bien des chercheurs novices en cosmographie, il faut tourner le dos au midi, porter ses regards vers le nord et y chercher la grande Ourse très-facile à reconnaître. A côté de cette constellation, en allant vers Cassiopée, on rencontre la constellation de la petite Ourse, qui, comme la grande, est composée de sept étoiles, dont quatre plus petites que les trois autres. De ces sept étoiles quatre forment un petit carré, et les trois autres un quart de cercle, ou, autrement dit, la queue de la petite Ourse. C'est, comme nous venons de le dire, l'étoile qui est au bout du quart de cercle qui est la polaire.

C'est de cette étoile que nous allons partir pour nous promener un peu dans le ciel, mais en ayant soin d'avoir les yeux fixés sur celui que nous avons figuré sur notre travail. Car, pour celui-là, le lecteur pourra le voir et le contempler chaque jour pendant la durée de l'Exposition. Puis, le soir, il cherchera dans le véritable ciel ce qu'il aura remarqué sur celui que nous avons représenté sur notre monument.

De la polaire donc, nous descendons à la petite Ourse; un peu au-dessous de cette constellation, nous rencontrons une file d'étoiles formant un zigzag, c'est la constellation du Dragon. De la queue du Dragon nous arrivons à la grande Ourse, dont nous avons déjà parlé. De la grande Ourse, nous descendons à la constellation du Bouvier, qui a, à sa gauche, la couronne Boréale formant les trois quarts d'un petit cercle. Cette constellation du Bouvier possède une des plus belles étoiles du ciel : c'est Arcturus. Elle est de première grandeur. En portant nos regards en avant, dans le sens du mouvement du ciel, nous rencontrons la constellation de la Vierge, dans laquelle nous trouvons une belle étoile de première grandeur : c'est l'Épi. Nous voilà maintenant sur la ligne de l'écliptique; nous continuons notre route, et nous apercevons, à notre gauche, la constellation du Corbeau, dont quatre étoiles principales forment un carré oblique. Un peu plus en avant, nous trouvons la constellation du Lion, qui a pour tête de file Régulus, étoile de première grandeur. Cette constellation est facile à reconnaître : au-dessus de l'étoile principale, il y en a cinq qui forment un demi-cercle et, par derrière, trois autres formant un cône. En avant de cette belle constellation, nous trouvons le Cancer, dont les étoiles sont si petites qu'il faut bien connaître son ciel pour les distinguer des autres petites étoiles qui les avoisinent. Nous nous empressons de quitter ce petit coin obscur pour aller un peu plus en avant et visiter la belle constellation des Gémeaux, ayant Castor et Pollux à sa tête. Cette dernière étoile est de première grandeur.

Des Gémeaux, nous allons visiter la constellation du Taureau. Pour trouver cette constellation, on n'a qu'à chercher dans le ciel ce petit groupe d'étoiles que vulgairement on appelle la mère Poussinière, et, en astronomie, les Pléiades.

Ce groupe d'étoiles appartient à la constellation du Taureau. Un peu en arrière, on trouve une belle étoile de première grandeur; elle représente l'œil du Taureau ; son nom est Aldébaran. Entre cette étoile et les Pléiades, on trouve également un petit groupe d'étoiles, ce sont les Hyades qui brillent sur le front du Taureau.

En portant nos regards au-dessous de cette constellation, entre les Gémeaux et le Taureau, nous apercevons la plus belle constellation du ciel : c'est Orion. Cette constellation est composée de neuf étoiles de différentes grandeurs, les quatre plus grosses forment un carré, deux de ces dernières sont de première grandeur, l'une on la nomme Betelgeuse et l'autre Rigel. Au milieu de ce carré, on aperçoit trois autres petites étoiles qui se trouvent sur la même ligne et très-rapprochées les unes des autres, elles représentent le baudrier d'Orion; un peu au-dessous, on en aperçoit deux autres encore plus petites que les trois dont nous venons de parler, celles-là représentent l'épée d'Orion. Un peu plus en arrière, et au-dessous d'Orion, on voit la constellation du grand Chien, dans laquelle nous trouvons la Reine de notre ciel. C'est Sirius, l'étoile la plus brillante que nous voyons sur nos têtes ; elle est plusieurs centaines de fois plus grosse que notre soleil. Mais lorsque Vénus nous fait une visite, qu'elle apparaît sur notre horizon, Sirius pâlit devant l'éclat de Vénus, qui nous paraît au moins quatre ou cinq fois supérieur à celui de la reine du ciel. La belle Vénus, notre voisine, est visible sur notre horizon depuis le mois d'avril ; on l'aperçoit chaque soir, entre l'ouest et le nord, vers la constellation du Taureau, un peu au-dessous des Pléiades.

Après la constellation du grand Chien, celle du petit Chien nous apparaît avec ses deux étoiles principales, dont l'une est de première grandeur : c'est Procyon.

Le lecteur voudra bien nous excuser de nous être un peu écarté de notre ligne zodiacale, pour faire une petite diversion vers la ligne équatoriale et même au delà de cette dernière, et lui signaler la partie du ciel la plus riche en belles étoiles. C'est le devoir de tout voyageur dans le ciel de s'écarter un peu de sa route, pour venir lui rendre hommage. Là, nous trouvons la constellation des Gémeaux, celles du Petit et du Grand Chien, Orion, le Taureau, la constellation du Cocher, où brille la Chèvre. Sur 21 étoiles de première grandeur qu'on a comptées dans le ciel, 7 se trouvent dans ce petit coin. Aussi, lorsque ce petit coin de ciel disparaît à l'horizon, le reste de la grande voûte céleste nous semble triste et sombre, à part quelques rares étoiles clair-semées çà et là, qui nous rappellent celles du beau groupe que nous avons vu passer sur nos têtes.

Maintenant, reprenons notre route, et revenons à la constellation du Taureau, pour, de là, visiter celle du Bélier. Cette constellation n'est pas riche en belles étoiles, elle n'est pas facile à reconnaître ; des quatre ou cinq étoiles visibles à l'œil nu, une seule est un peu plus grosse que les autres, c'est grâce à cette dernière que nous pouvons trouver cette petite constellation.

Quittant le Bélier, nous nous dirigeons vers la constellation des Poissons, en laissant à notre gauche celle de la Baleine, qui n'est formée que de petites étoiles formant plusieurs zigzags. Pour celle des Poissons, il faut avoir l'œil un peu exercé à contempler les astres pour reconnaître cette constellation, qui n'est formée que de petites étoiles, formant deux lignes assez allongées. Quand on voudra chercher cette constellation, il faudra avoir soin de porter ses regards du côté du carré de Pégase un peu plus à l'horizon.

Puisque nous sommes dans le domaine du cheval de la mythologie, ne le quittons pas sans visiter Andromède, qui possède quelques belles étoiles de deuxième grandeur. Ces étoiles forment une ligne droite, dont nous allons nous servir pour arriver à Persée, puis visiter la constellation du Cocher, où brille la Chèvre, étoile de première grandeur, celle dont la lumière met 72 ans pour arriver jusqu'à nous.

Pour visiter ces parages, nous avons remonté au pôle, d'où nous allons descendre pour continuer encore une fois notre route et visiter la constellation du Verseau, qui n'est formée que de petites étoiles.

Cette constellation est facile à voir, à condition qu'il n'y ait pas le moindre clair de lune dans le ciel, sans quoi, impossible de la découvrir.

De cette constellation, nous arrivons à celle du Capricorne : encore une constellation qui n'est pas facile à voir.

Elle disparaît sous l'éclat de Fomalhaut, de la constellation du Poisson austral. Fomalhaut est une étoile de première grandeur qui égale en quelque sorte Sirius.

Nulle des autres étoiles de première grandeur n'est comparable à ces deux dernières, qu'on peut voir à la fois pendant quelques jours de l'année.

Du Capricorne, nous visitons la constellation du Sagittaire. qui forme un beau groupe d'étoiles de différentes grandeurs. Cette constellation nous représente le commencement de notre année. Au 1er janvier, le soleil se trouve entre la terre et cette constellation. En continuant notre route, nous traversons les deux branches de la Voie Lactée, et nous arrivons à la constellation du Scorpion. Cette constellation est très-facile à reconnaître ; elle a la forme d'un véritable râteau (c'est de sa partie supérieure que nous voulons parler), quatre étoiles marchent en avant, placées dans le genre du peigne d'un râteau ; un peu en arrière, se trouve une belle étoile accompagnée de deux petites, l'une devant et l'autre derrière. Cette belle étoile est Antarès, elle est de première grandeur.

La constellation du Scorpion est celle qui est censée terminer notre année, c'est-à-dire qu'au mois de décembre cette constellation se trouve en ligne directe du soleil et de la terre.

Du Scorpion, nous allons entrer dans la Balance, dont deux étoiles de deuxième grandeur et deux autres plus petites, formant un carré, nous indiquent sa place. Nous voilà donc arrivés à la fin de notre voyage à travers les astres que nous voyons chaque nuit sur nos têtes. Nous avons suivi la route que le soleil est censé parcourir dans une année, mais nous ne quitterons pas ces lointains parages sans visiter un autre petit coin du ciel qui, lui aussi, mérite d'être vu.

Au-dessus de la Balance et du Scorpion, nous trouvons la constellation d'Hercule. C'est vers cette constellation que se dirige le soleil dans sa marche à travers l'espace. Cette constellation et celle des Serpents tiennent un grand espace dans le ciel ; mais elles sont dépourvues de belles étoiles. En remontant un peu plus haut, nous entrons dans la constellation de la Lyre, et nous saluons Véga qui en est l'étoile principale ; elle est de première grandeur. De la Lyre, nous entrons dans le Cygne, où se partage la Voie Lactée ; et de là, nous redescendons pour voir Altaïr, de l'Aigle, une belle étoile de première grandeur. Cette étoile est entre deux autres étoiles plus petites ; on pourrait croire que ce sont ses deux satellites. Ces trois étoiles sont sur la même ligne et rapprochées les unes des autres. Elles sont faciles à reconnaître. En prolongeant, vers l'horizon, un peu à gauche, la ligne droite qu'elles forment, on arrive à Fomalhaut, du Poisson austral, dont nous avons déjà parlé.

Ici se termine notre course dans l'espace : nous allons quitter ces lieux peu visités des mortels, pour descendre sur la terre, en visiter les contrées, les villes, les fleuves et les montagnes; ensuite nous nous reposerons.

Description de la table de jeu.

La table de jeu est ronde ; son diamètre est de $0^{m},80$; sa surface est ornée de deux rangs de plaques en tôle émaillée et d'un rang de pions en bois noir, le tout incrusté dans l'épaisseur de la table.

Le rang de plaques le plus rapproché du centre est divisé en huit parties égales, formant huit plaques de différentes couleurs. Deux de ces dernières sont rouges, deux autres sont noires; ces quatre plaques représentent le jeu de la Poule. Les quatre autres représentent le Pair et l'Impair.

L'autre rang est divisé en quarante-huit parties représentant exactement les quarante-huit plaques qui se trouvent sur le troisième rang du Volant. Ce dernier nous représente le jeu de la Roulette simplifié, et celui des lettres alphabétiques. Sur le rang des pions, nous avons inscrit le nom des principales mers du globe, et, au-dessus de ces dernières, le nom de l'Océan auquel elles appartiennent. Dix de ces pions ont été réservés aux dix principales découvertes et inventions qu'on a faites jusqu'à ce jour.

Entre le premier rang de plaques et celui des pions, huit compartiments remplis d'inscriptions donnent un aperçu de l'histoire de Paris, des principaux ponts de France, du mont Blanc et du mont Perdu, des neiges éternelles, des profondeurs des mers, des voyages au pôle nord et de l'astronomie.

Nous allons visiter chaque compartiment l'un après l'autre et prendre connaissance de leur contenu.

Ville de Paris.

L'ancien Paris s'appelait Lutèce; l'empereur Julien le fit appeler Parisie en 358, puis Paris en 361. Paris fut brûlé par les Francs en 494. Clovis, fils de Childéric, en fit la capitale de la France, 508. Pillage de Paris par les Normands, 845; deuxième invasion, 856; troisième invasion, 861; quatrième siége, 885. Dans l'espace de vingt-trois ans, Paris a eu quatorze années de famine extrême, sans compter celle de 1870-1871 de triste mémoire.

Pendant les années 850, 855 et 873, la disette fut si grande que des hommes s'entr'égorgèrent pour ne pas mourir de faim. Paris fut pavé et entouré d'un mur sous Philippe Auguste, 1185; deuxième enceinte, 1190; quatrième agrandissement, 1356; cinquième agrandissement, 1631; sixième agrandissement, 1er janvier 1860. Le nouveau Paris possède 20 arrondissements, 80 quartiers, 71,812 maisons, 300 édifices isolés, 3,619 rues, quais, boulevards, places, avenues et impasses. Grands boulevards de la Madeleine à la Bastille, 4,383 mètres.

Paris a été éclairé par des lanternes jusqu'en 1766; à cette époque, les réverbères remplacèrent les lanternes jusqu'en 1828, époque à laquelle le gaz fut introduit pour la première fois dans la ville de Paris.

Aujourd'hui Paris est éclairé par 40,000 becs de gaz; il possède 66 portes ou poternes, 26 ponts sur la Seine, 36 théâtres; sa superficie est de 78 millions de mètres carrés.

Les ponts de France.

On compte en France 1,982 ponts importants; 861 ont été construits avant le dix-neuvième siècle, 64 pendant le premier empire, 180 pendant la Restauration, 586 sous Louis-Philippe, 297 depuis 1848. Les dix principaux sont le pont Saint-Esprit, qui a 738 mètres de long, et a coûté 4,500,000 francs. Commencé en 1265, il ne fut terminé qu'en 1307. Ce pont est en pierre, c'est le plus long de tous les ponts de France. Lorsqu'en 1843 nous descendîmes le Rhône pour la première fois, nous montâmes sur le pont du bateau à vapeur, pour contempler ce pont antique extrêmement long.

Pont de Saint-André de Cubzac, commencé en 1835, il fut terminé en 1840. Ce pont est en fil de fer, il est sur la Dordogne à 2 lieues environ de Bordeaux. Nous avons eu le plaisir de le voir et de descendre dans une de ses colonnes du milieu jusqu'à la pile en pierre qui est en quelque sorte à fleur d'eau. C'est le plus beau pont suspendu que nous ayons vu dans nos voyages. Il n'est à comparer à aucun de ceux qui se trouvent sur nos fleuves ou rivières. Celui de la Roche Bernard, sur la Charente, est hardi et imposant à voir. Les navires y passent à pleines voiles, mais il n'est pas à comparer à celui de Cubzac. Nous avons vu ceux de Fribourg, en Suisse, dont les touristes parlent si élogieusement, mais eux aussi ne sont pas à comparer à notre pont favori. Il est vrai de dire que ceux de Fribourg méritent d'être vus des voyageurs de la Suisse; ils sont d'une hauteur prodigieuse et n'ont qu'une seule arche, mais la Sarine sur laquelle ils se trouvent n'est pas la Dordogne en face Saint-André de Cubzac. En été, la Sarine n'est en quelque sorte qu'un gros ruisseau, si on la juge d'après l'eau qui coule dans son lit. Mais en hiver c'est une rivière rapide et impétueuse, c'est presque un fleuve. Tandis que sous le beau pont de Cubzac, c'est la Dordogne, alimentée chaque jour du flux et reflux de l'Océan, berçant ces navires marchands qui passent journellement sous notre beau pont, à voiles déployées, et remontent la rivière jusqu'à Libourne où ils vont décharger leurs marchandises ou faire leurs chargements. Quelques lieues au-dessus de ce beau pont, au bec d'Ambez, la Dordogne fait sa jonction avec la Garonne et forme ce qu'on appelle la Gironde. La jonction de ces deux rivières produit un effet si grandiose, si imposant que le voyageur en garde toujours le souvenir.

Pont de Bordeaux. Celui-là, nous lui devons également

quelques lignes. Saluons-le d'abord, puis nous parlerons de lui. Que de fois, pendant notre long et agréable séjour à Bordeaux, nous sommes venus au milieu de ce beau pont pour contempler la ville et sa belle rade. Ce pont est exceptionnel parmi tous les ponts de pierre construits jusqu'à ce jour. Tel est le dessus du pont, tel est l'intérieur. Le milieu est réservé aux voitures; de chaque côté, plusieurs marches en pierre vous conduisent sur un beau trottoir réservé aux piétons. Un beau parapet garantit les promeneurs, qui peuvent, à leur aise, admirer cette belle Gironde ornée de ses magnifiques vaisseaux.

Du côté de la Bastide, on descend quelques marches, et un gardien, moyennant un petit salaire volontaire, vous fait voir le coup d'œil de l'intérieur du pont. Ici même chaussée, mêmes marches d'escaliers et mêmes trottoirs qu'au-dessus du pont; c'est curieux à voir.

Ce pont, remarquable en toutes choses, fut commencé en 1810 et terminé en 1822. Il a 501 mètres de long, et a coûté 6,850,000 francs.

Pont de Tours. Ce pont est sur la Loire, il est en pierre et solidement construit sur un emplacement où la Loire est très-rapide. Ce pont est remarquable par sa construction, c'est-à-dire que le dessus ne forme aucune bosse, il est droit comme une règle. Du milieu de ce pont, on a un joli coup d'œil: de chaque côté, on aperçoit, au loin, une butte ou petite montagne, dont le pittoresque fait le charme de l'observateur; puis, à côté de vous, la ville de Tours. Il fut commencé en 1765 et fini en 1778. Sa longueur est de 425 mètres, il a coûté 4,224,639 francs.

Pont de la Guillotière, sur le Rhône, à Lyon. Du milieu de ce pont, en regardant le Dauphiné, on a à sa droite la ville de la Guillotière, qui fait partie de la ville de Lyon, à sa gauche les Brotteaux, les quais du Rhône, Saint-Clair et la Croix-Rousse. En se retournant du côté opposé, on a devant soi la vaste place de Bellecour, plus loin, la Saône et Saint-Jean; à droite, c'est la ville de Lyon: à gauche, c'est Perrache et la jonction de la Saône au Rhône: ce panorama est d'un bel effet. Ce pont fut commencé en 1245 et fini en 1572. Sa longueur est de 363 mètres, la dépense s'est montée à 2,500,000 francs.

Pont de Roanne, sur la Loire. Ce pont est en pierre, sa

longueur est de 186 mètres, il a coûté 3,800,000 francs, commencé en 1792, terminé en 1822.

Pont de Toulouse, sur la Garonne. Commencé en 1542, il fut terminé en 1672. Sa longueur est de 217 mètres; la dépense a été de 2,700,000 francs.

Pont-Neuf, à Paris. Ce pont est le plus ancien de ceux qui sont sur la Seine. Ses contemporains ont tous disparu pour faire place à de plus jeunes et plus solides qu'eux. Ce pont traverse les deux bras de la Seine au bout de l'île de la Cité. Du milieu du pont, on a un coup d'œil des plus ravissants, surtout pour un provincial nouvellement débarqué dans la grande ville. Ce pont fut commencé en 1578, et fut terminé en 1604, puis restauré et embelli en 1849-1854. Au-dessus de chaque pile, au niveau de ses larges trottoirs, on a fait de petites rotondes, formant le demi-cercle, et dans lesquelles on a ménagé un banc qui a pour dossier le parapet du pont. Les habitants du voisinage y viennent l'été, le soir, s'y reposer et respirer la fraîcheur de la rivière, en plongeant de temps à autre leurs regards dans le ciel étoilé, quand ils ne les portent pas sur les rives de la Seine où des milliers de feux étincelants leur montrent les sinuosités de ces beaux quais qui ont pour ornement le Louvre et l'Institut. Sa longueur est de 232 mètres, il a coûté 4,000,000 de francs.

Pont d'Iéna, à Paris. Ce pont se trouve en face du Champ de Mars et du Trocadéro. Il est orné de quatre beaux groupes en pierre, qui sont à chaque bout du pont. Commencé en 1806, et terminé en 1813. Sa longueur est de 152 mètres, sa construction a coûté 6,132,105 francs.

Pont de Brest, pont tournant. Il se trouve sur la Penfeld; commencé en 1856, fini en 1860, sa longueur est de 220 mètres, sa construction a coûté 2,800,000 francs. La longueur des ponts français est d'environ 106 kilomètres, leur construction a coûté 285,507,761 francs.

Le mont Blanc et le mont Perdu.

C'est à Bénédict de Saussure, de Genève, que revient l'idée de gravir le mont Blanc. La première ascension fut faite par le montagnard Jacques Balmat accompagné du médecin Paccard, le 7 août 1786. Bénédict de Saussure le gravit le 1er août 1787. Depuis cette époque jusqu'en 1850, il a été gravi 37 fois; dans l'année 1875, 46 fois. Depuis la première ascension jusqu'au 1er janvier 1876, il a été gravi 635 fois.

Le mont Perdu a été gravi pour la première fois par Ramond, le savant explorateur des Pyrénées, le 7 septembre 1797.

La Grande Neige (près Briançon) fut gravie pour la première fois par M. Boileau de Castelnau, le 19 août 1877.

Les neiges éternelles.

Dans les Alpes, elles sont à 2,708 mètres; sur l'Etna, à 2,905 mètres; dans les Pyrénées, elles sont à 2,728 mètres; Espagne, Sierra Nevada, 3,410 mètres; Norvége, île Mageroë, 720 mètres; Norwége intérieure, 1,266 mètres, Sibérie. chaîne d'Aldan, 1,364 mètres ; Mexique, 4,500 mètres; Amérique méridionale, Sierra Nevada, 4,550 mètres; Equateur, Quito, 4,550 mètres ; Cordillères orientales, 4,858 mètres; Cordillères occidentales, 5,646 mètres; Chili, Andes du littoral, 1,832 mètres; Chili, Portillo et volcan de Peuguenès, 4,483; Asie Mineure, 3,262 mètres.

Himalaya, pente méridionale, 3,956 mètres; Himalaya, pente septentrionale, 5,067 mètres; Islande, 936 mètres; détroit de Magellan, 1,130 mètres; au Spitzberg, elles sont à 0 mètre au-dessus du niveau de la mer.

Profondeur des Mers.

La Méditerranée, à Nice, a 990 mètres; entre Ceuta et Gibraltar, 1,740 mètres; sa plus grande profondeur est, entre l'Afrique et la Grèce, 4,500 mètres. Dans l'Atlantique, au sud du banc de Terre-Neuve 8,000 mètres. En 1877, un capitaine anglais a descendu la sonde jusqu'à 13,000 mètres;

dans les mers polaires, le capitaine Ross, de la marine anglaise, a descendu la sonde jusqu'à 9,000 mètres sans rencontrer de fond. Dans le voisinage du pôle sud, où la submersion du globe est à peu près totale, on a descendu la sonde jusqu'à 15,000 mètres.

La mer Baltique est une des moins profondes, son maximum ne dépasse pas 200 mètres.

Profondeur moyenne des mers, de 6,000 à 7,000 mètres.

Voyages aux pôles Nord et Sud.

Le capitaine Ross, de la marine anglaise, premier voyage, 1818, reconnaît la mer de Baffin ; deuxième voyage, 1821 ; troisième voyage, 1829 ; quatrième voyage, 1851 ; il part à la recherche de Franklin.

Edward Parry, 1819, découvre la mer Melville ; il repart en 1821, avec le capitaine Lyon.

Dumont d'Urville, 1837, découvre la terre Louis-Philippe et Adélie en 1838-1840. Le capitaine Blosseville, de Dunkerque, 1833, s'y perd sur les côtes du Groënland. Franklin, premier voyage, 1819 ; deuxième voyage, 1825 ; troisième voyage, 1845 ; s'y perd en 1847 avec ses 137 compagnons. Kane part en 1854, arrive à 200 lieues du pôle, découvre une mer libre et lui donne son nom.

Pour le huitième compartiment, nous croyons inutile d'en reproduire le contenu, puisqu'il se trouve dans notre description du ciel. Nous allons, maintenant, passer à la description de la quatrième partie du monument : celle du grand montant supérieur.

Le grand montant supérieur. Description du Globe.

Avant de faire la description de cette partie de notre travail, nous devons prévenir le lecteur que nous avons fait toutes les recherches possibles pour nous procurer les documents les plus précis, et que, plus nous cherchions, plus nous feuilletions des géographies diverses, plus aussi nous étions embarrassé sur le chiffre exact de la population des contrées et villes que nous reproduisons sur notre travail.

La géographie, nous disait un savant géographe, c'est la mer à boire. Comme on ne boira jamais la mer, on ne connaîtra jamais parfaitement la géographie universelle. Le recensement de la population des divers États du globe n'est fait qu'approximativement et d'une manière incertaine.

La France est en quelque sorte le seul pays en Europe qui fasse d'une manière assez sérieuse le recensement de sa population ; encore, trouverait-on bien des erreurs, si l'on voulait s'en rendre compte: car plusieurs des employés, de ceux qui sont chargés de faire le recensement de la population des grandes villes, de Paris surtout, font le recensement des habitants d'une grande maison dans la loge du concierge, et quelquefois d'une manière un peu précipitée pour avoir terminé leur besogne un peu plus tôt.

Et si, en France, le pays le mieux organisé pour ces sortes de choses, se glissent des erreurs sur le chiffre de la population, que devons-nous penser des autres États de l'Europe ? De la grande et vaste Russie surtout ? Et si les peuples de l'Europe ne sont recensés qu'imparfaitement, que devons-nous penser de ceux des autres parties du globe ?

Cela dit, nous allons faire la description de la quatrième partie de notre monument.

La partie du milieu de la façade a été consacrée à la France. Le haut de ladite façade est orné d'une belle coquille, qui sert de couronnement au monument. Au bas de cette coquille, nous avons ménagé une petite frise, sur laquelle se trouve le chiffre de la population du globe, 1,391,777,952 habitants.

Un peu au-dessous, on trouve les inscriptions suivantes:

France : 528,573 kilomètres carrés de superficie.

86 départements.

364 chef-lieux d'arrondissement.

2,865 cantons.

35,989 communes.

Paris. . . . . 2,000,000 habitants.

Lyon. . . . . 350,000 —

Marseille.	325,000	habitants.
Bordeaux	225,000	—
Lille.	167,000	—
Toulouse	137,000	—
Saint-Étienne.	136,000	—
Nantes	125,000	—
Rouen.	107,000	—
Alsace-Lorraine.	1,628,132	—

Sur un petit ornement de gauche, Metz.	55,000	hab.
Sur l'ornement de droite, Strasbourg.	86,000	—
Au-dessus de l'ornement de gauche, Bruxelles.	295,000	—
Au-dessus de l'ornement de droite, Madrid.	400,000	—

Sur l'aile de gauche se trouvent les principales villes d'Asie et leur population. Nous allons en prendre connaissance par ordre de classement sur notre travail.

Villes de Chine.

Nankin.	700,000	habitants.
Ou-tchang.	600,000	—
Hangkau	800,000	—
Ischinglu-fu.	800,000	—
Tientsin.	900,000	—
Canton.	1,000,000	—
Siangtan.	1,000,000	—
Pékin. . de 1,300,000 à	1,500,000	—
Hangtschau-fu.	1,000,000	—
Singnan-fu.	1,000,000	—
Tschantschau-fu.	1,000,000	—

Sous ces onze villes, nous avons inscrit le nom le plus saillant de la Chine.

Confucius, 479 ans avant Jésus-Christ.

A la suite de ces villes de Chine, nous trouvons Ban-Kok, capitale du royaume de Siam,

population. . . . . de 400,000 à	500,000	habitants.
Kokand, capitale du Turkestan.	100,000	—
Yeddo, capitale du Japon . . .	674,647	—
Miako (Japon).	315,000	—

Sur l'aile de droite, nous trouvons les villes suivantes :

Luknow	285,000	habitants.
Madras.	398,000	—
Bombay.	644,000	—
Calcutta.	895,000	—
Londres, de 3,360,000 à	3,570,000	—
Liverpool.	550,000	—
Glascow. . de 450,000 à	567,000	—
Berlin.	964,000	—
Vienne.	900,000	—
Saint-Pétersbourg. . . .	670,000	—
Moscou. . de 415,000 à	600,000	—
Constantinople	600,000	—
Naples.	450,000	—
Philadelphie.	860,000	—
Washington.	115,000	—

Au-dessous de ces villes, dans un petit ornement, nous avons inscrit le nom d'un célèbre mathématicien, celui qui fit faire un si grand pas à l'astronomie par sa théorie de la gravitation universelle.

C'est Newton, né en 1642, mort en 1727.

Sur la partie de derrière du même montant et de ses ailes, nous trouvons, dans la partie supérieure et attenant au derrière de la coquille, une masse de bois sculptée représentant une chute d'eau congelée qui est censée alimenter les principaux fleuves du globe, qui se trouvent au-dessous. Sur un des côtés de la chute d'eau on aperçoit un escargot, sur l'autre côté une grenouille, et sur le rocher un serpent.

Au bas de cette chute d'eau, commencent les Fleuves, dont nous allons donner les noms et le parcours.

Europe.

Fleuves.	Embouchures.	Longueur en kilomètres.
Tamise.	Mer du Nord.	300
Garonne.	Océan Atlantique. . . .	600
Seine.	Manche	700
Rhône	Méditerranée	800
Tage	Océan Atlantique. . . .	900
Loire.	Océan Atlantique. . . .	1,000
Elbe	Mer du Nord	1,000
Vistule.	Mer Baltique	1,000

Fleuves.	Embouchures.	Longueur en kilomètres.
Rhin	Mer du Nord	1,200
Petchora	Océan Arctique	1.300
Dwina	Mer Blanche	1,300
Oural	Mer Caspienne	1,500
Don	Mer d'Azof	1,500
Dnieper	Mer Noire	1,700
Danube	Mer Noire	2,800
Volga	Mer Caspienne	3,100

Afrique.

Gambie	Océan Atlantique	1,300
Sénégal	Océan Atlantique	1,600
Niger	Océan Atlantique	3,400
Nil avec le fleuve Blanc	Méditerranée	4,400

Amérique.

Ohio	Mississipi	1,600
Orégon	Océan Pacifique	1,600
Paraguay	Parana	1,800
Saint-Laurent	Golfe de Saint-Laurent	1,900
San Francisco	Océan Atlantique	2,100
Arkansas	Mississipi	2,200
Para	Océan Atlantique	2,300
Orénoque	Océan Atlantique	2,400
Rio del Norte	Golfe du Mexique	2,700
Parana	La Plata	3,200
Mackensie	Océan Arctique	3,200
Mississipi	Golfe du Mexique	3,200
Missouri	Mississipi	3,500
Amazone	Océan Atlantique	5,400

Asie.

Tigre	Euphrate	1,300
Kolyna	Océan Arctique	1,300
Sir-Daria	Mer d'Aral	1,600
Amou	Mer d'Aral	1,900
Gange	Golfe de Bengale	2,400
Euphrate	Golfe Persique	2,500

Fleuves.	Embouchures.	Longueur en kilomètres.
Indus	Golfe d'Oman	2,600
Salouen	Mer des Indes	2,900
Mei-Kong	Mer de Chine	3,500
Oby	Océan Arctique	3,600
Amour	Mer du Japon	3,800
Iénisséi	Océan Arctique	4,000
Léna	Océan Arctique	4,000
Jaune	Mer Orientale	4,200
Yang-Tsé-Kiang	Mer Orientale	4,600

Au bas de la colonne de ces fleuves, quatre-vingt-dix des principales montagnes du globe se trouvent groupées sur un morceau de bois qui forme socle au grand montant et repose sur la table de jeu.

Ces montagnes forment cinq chaînes différentes. Deux sont consacrées à l'Europe, une autre à l'Afrique et à l'Océanie, une autre à l'Amérique, et la plus élevée à l'Asie.

Nous allons donner le nom et la hauteur de chacune d'elles ainsi que leurs numéros d'ordre, pour faciliter les recherches de ceux qui auront l'occasion de les voir.

Hauteurs de quelques principales montagnes du Globe au-dessus du niveau de la mer.

Asie.

	Mètres.	Numéros d'ordre.
Mont Everest, ou Gaurisankar (Nepal, Himalaya)	8840	1
Kanchinjinga (Himalaya)	8582	2
Dhaulagiri (Nepal, Himalaya)	8176	3
Juwahir (Himalaya)	7824	4
Choomalari (Thibet, Himalaya)	7298	5
Demavend, volcan (Perse)	6559	8
Hindu-Koh (sommet au nord de Caboul, Afghanistan)	6167	13
Elbrouz (sommet ouest, Caucase)	5642	20
Mont Ararat (sommet principal)	5155	24
Kasbek (Caucase)	5045	26
Klieutschewsk volcan (Kamschatka)	4804	31
Fusi-No-Yama, volcan (Japon)	3793	45

	Mètres.	Numéros d'ordre
Alaid, volcan (Kouriles)	3658	50

Amérique.

Aconcaga (Chili)	6834	6
Sahama, pic, volcan (Pérou)	6812	7
Chimborazo (République de l'Équateur)	6530	9
Sorata, pic Ancohun (Bolivie)	6487	10
Illimani, pic sud (Bolivie)	6445	11
Aréquipa, volcan (Pérou)	6190	12
Chipicani, volcan (Pérou)	6018	15
Cayambé (République de l'Équateur)	5954	16
Antisana, volcan (République de l'Équateur)	5833	17
Cotopaxi, volcan (République de l'Équateur)	5753	18
Montagne de Pichu-Pichu (Pérou)	5670	19
Mont Saint-Elie (Amérique russe)	5443	21
Pic d'Orizaba, volcan (Mexique)	5295	22
Popocatepetl, volcan (Mexique)	5250	23
Cerro de Potosi (Bolivie)	4923	27
Mont Brown (montagnes rocheuses)	4874	28
Sierra-Navada (Mexique)	4786	32
Montagne du Beautemps (Amérique russe)	4549	36
Coffre de Perote (Mexique)	4088	40

Afrique.

Kilimanjaro (Afrique équatoriale)	6096	14
Mont Woso (haute Éthiopie)	5060	25
Bas-Dajan (haute Éthiopie)	4620	34
Pic de Ténériffe, volcan (îles Canaries)	3710	49
Mont Ambotismène (Madagascar)	3507	53
Atlas Miltsin (Maroc)	3475	54
Piton des neiges (île de la Réunion)	3067	60

Océanie.

Mownna Roa (île Owhyee, Sandwich)	4838	29
Singalan, volcan (Sumatra)	4572	35
Mont Terror (South-Victoria, grand Océan austral)	4232	38
Mont Ophyr, volcan (Sumatra)	3950	41
Rindjani, volcan (îles de la Sonde)	3768	46

	Metres.	Numéros d'ordre.
Tabreonou (Otahiti)	3734	47
Semeru Gunong, volcan (Java)	3729	48
Sesarga, volcan (îles Salomon)	3658	51

Europe.

Mont Blanc (Alpes)	4815	30
Mont Rose (Alpes)	4636	33
Finster-aar-horn (Suisse)	4362	37
Jung-Frau (Suisse)	4180	39
Grand Pelvoux (Alpes)	3934	42
Ortler-Spitz (Tyrol)	3908	43
Mont Viso (Alpes)	3840	44
Mulahacen (Espagne, Grenade)	3555	52
Col du Géant (Alpes)	3426	55
Maladetta, pic est Néthou (Pyrénées)	3404	56
Mont Perdu (Pyrénées)	3351	57
Viguemale (Pyrénées)	3298	58
Etna, volcan (Sicile)	3237	59
Ruska-Payano (Karpathes)	3021	61
Mont Budosch (Transylvanie)	2924	62
Mont Surul (Transylvanie)	2924	63
Olympe (Thessalie)	2906	64
Pic du Midi (Pyrénées)	2877	65
Canigou (Pyrénées)	2785	66
Monte-Sinto (Corse)	2710	67
Grand Balkan, Hémus (Turquie)	2705	68
Pic Lomnitz (Karpathes)	2701	69
Monte-Rotondo (Corse)	2625	70
Galdhöpiggen (Norwége)	2560	71
Glitterting (Norwége)	2550	72
Monte Paglia Orba (Corse)	2525	73
Skagastolstind (Norwége)	2470	74
Parnasse (Grèce)	2459	75
Heilstaguho (Norwége)	2413	76
Taygète (Grèce)	2409	77
Monte-Velino (Apennins, Abruzzes)	2393	78
Mont Ziria (Cyllène, Grèce)	2374	79
Schneehatten (Norwége)	2320	80
Mont Athos (Grèce)	2066	81
Mont Ossa (Grèce)	1972	82

	Mètres.	Numéros d'ordre.
Mont Ventoux (France)	1912	83
Puy de Sancy, Mont-d'Ore (France)	1886	84
Sulitelma (Suède)	1875	85
Plomb du Cantal (France).	1858	86
Mont Tendre (Jura)	1682	87
Puy-Mary (France).	1658	88
Puy-de-Dôme (France)	1465	89
Vésuve, volcan (Italie).	1198	90

Sur l'aile de gauche, en regardant le monument par derrière, on trouve les inscriptions suivantes :

Berne.				38,000	habitants.
Genève				48,000	—
Athènes. . .	de	50,000	à	65,000	—
Rome	de	269,000	à	282,000	—
Copenhague,	de	165,000	à	222,000	—
Munich . . .	de	175,000	à	193,000	—
Bavière . . .		4,821,415			—
Amsterdam .	de	285,000	à	302,000	—
Lisbonne		280,000			—
Manchester . . .		592,000			—
Dublin.		310,000			—
Birmingham . .		445,000			—
Leeds.	de	260,000	à	300,000	—
Stockholm. .	de	144,000	à	157,000	—
Turin.		213,000			—
Milan.		262,000			—
Palerme		220,000			—

Au-dessous de ces noms de villes, sur un petit ornement, nous avons inscrit le nom des deux principaux explorateurs de l'Afrique centrale.

Livingstone et Stanley, 1872.

Sur l'aile de droite, on trouve la nomenclature ci-dessous.

Maroc.	100,000	habitants.
Tunis	150,000	—
Alger	55,000	—
Constantine.	36,000	—
Téhéran.	110,000	—
Caboul.	60,000	—
La Paz.	80,000	—
Saint-Louis	490,000	—

Brooklyn	483.000	habitants.
Boston.	352,000	—
Chicago . . . . de 350,000 à	410,000	—
Cincinnati.	220,000	—
Nouvelle-Orléans	203.000	—
La Havane . . . de 210,000 à	230,000	—
Buenos-Ayres.	185,000	—
Montevideo.	130,000	—
Quito	85,000	—

Au-dessous de ces noms de villes, et en regard de l'aile gauche, nous avons inscrit le nom d'un des principaux navigateurs, Christophe Colomb, et la date de la découverte de l'Amérique, 1492.

Les deux grandes ailes dont nous venons de faire la description sont consolidées par une ornementation formant contre-fort, venant se rattacher avec les côtés du grand montant.

Sur l'ornementation de gauche, nous avons inscrit quelques-unes des habitations les plus élevées du globe, ainsi que les principaux passages des Alpes.

Sur celle de droite, sont inscrites les hauteurs de quelques-uns des principaux édifices de l'Europe, et celles des passages des Pyrénées.

Ornementation de gauche.

Pérou.

Maison de poste d'Apo.	4382
Maison de poste d'Ancomarca.	4350
Village de Tacora.	4173
Ville de Puno	3923
Ville de Micuipampa.	3618

Bolivie.

Ville de Calamarca.	4161
Ville de Potosi	4061
Ville d'Oruro	3796
Ville de La Paz	3726

Équateur.

Métairie d'Antisana.	4101
Ville de Quito.	2908

Passage des Alpes.

Passage du mont Cervin	3410
— du Grand Saint-Bernard	2472
— du col de Seigne	2461
— de Furka.	2439
— du col Ferret	2321
— du petit Saint-Bernard	2192
— du Saint-Gothard	2075
— du mont Cénis	2066
— du Saimplon	2005

Ornementation de droite.

Hauteurs de quelques édifices d'Europe, comparées à la plus haute pyramide d'Égypte.

	Mètres au-dessus du sol.
La flèche de la cathédrale de Rouen.	150
La plus haute pyramide d'Égypte..	146
La tour de Strasbourg (la Munster)	142
La tour de Saint-Étienne à Vienne	138
La coupole de Saint-Pierre, à Rome.	132
La tour Saint-Michel, à Hambourg	130
La flèche de la cathédrale d'Anvers..	120
La tour de Saint-Pierre, à Hambourg	119
Le clocher neuf de la cathédrale de Chartres.	113
La tour Saint-Michel, à Bordeaux.	113
La coupole de Saint-Paul de Londres	110
Le dôme de Milan.	109
La flèche des Invalides (Paris).	105
Le Panthéon (Paris).	79
La colonne Vendôme (Paris).	43

Passages des Pyrénées.

	Mètres au-dessus du niveau de la mer.
Port d'Oo	3002
Port Viel d'Estaube.	2561

Port de Pinede	2499
Port de Gavarnie	2333
Port de Cavarère	2242
Passage de Tourmalet	2177

Sur un petit ornement de chacune des deux ornementations dont nous venons de faire la description, nous donnons la hauteur des deux plus hauts passages des deux Cordillères de l'Amérique méridionale.

Passage de Paquani.	4641
Passage de Galilas	4520

Le grand Volant et ses ornements.

Ce grand Volant est composé d'un grand cadre, de huit balustres et de vingt-quatre ornements. Le cadre a $0^m,10$ de large, $0^m,04$ d'épaisseur. Il est orné de deux rangs de plaques prises dans la masse, et de différentes moulures qui lui servent d'ornementation. Sur le champ du cadre, partie extérieure, sont placés seize ornements avec inscription et à égale distance les uns des autres. Entre chaque ornement se trouve un autre petit ornement ayant la forme d'une petite quille. C'est ce dernier qui sert pour faire tourner le Volant.

Les seize ornements avec inscription représentent les quinze principaux États de l'Europe classés de la manière suivante :

Au Nord.

Russie d'Europe.	71,000,000	habitants.
Suède et Norwége.	5,960,000	—
Grande-Bretagne	32,000,000	—
Danemark	1,800,000	—

Au Centre.

L'Empire d'Allemagne de 41 à	42,727,000	habitants.
Hollande	3,710,000	—
Belgique . . . de 5,087,165 à	5,338,000	—

France . . . . de 36,905,788 à	37,102,921	habitants.
Suisse	2,670,000	—
Empire d'Autriche . . de 36 à	37,000,000	—

Au Sud.

Italie.	26,800,000	habitants.
Portugal.	4,000,000	—
Espagne.	17,000,000	—
Grèce	1,467,000	—
Turquie d'Europe, de 11,480,000 descendue à	6,147,000	—
Total de la population de ces quinze principaux États . . .	294,720,787	—
Sur le seizième ornement, se trouve le chiffre total de la population de l'Europe, qui varie de 301,497,952 à	326,600,000	—

Dans la partie intérieure, se trouvent huit ornements qui représentent la population des quatre autres parties du globe et celle de la ville la plus peuplée de chacune de ces quatre contrées.

Voici de quelle manière ils se trouvent groupés, en commençant par l'Afrique :

Afrique.	203,300	habitants.
Le Caire, de 350,000 à	400,000	—
Amérique, de 84,542,000 à. .	85,500,000	—
New-York	1,200,000	—
Asie	798,000,000	—
Sutchan, ville de Chine. . . .	2,000,000	—
Océanie, plusieurs géographes donnent de 30 à 36 millions d'habitants, mais il n'y en a de recensés que . . .	4,438,000	—
Batavia, de 152,000 à.	200,000	—

La partie de derrière du grand Volant

Sur la partie plane du cadre, nous avons inscrit le volume du globe, qui est de : 1,082,860 millions de kilomètres cubes. Sa circonférence, à son plus grand méridien, est

de.	40,069,903	mètres.
Celle de son plus petit méridien est de.	40,000,998	—
La surface du globe est de. . .	509,940,000	kil. carrés.
La surface des océans et des glaciers est de	375,127,950	—

Inscriptions sur les ornements extérieurs.

La contrée la plus rapprochée de l'Europe est le Maroc;

Sa population varie de 7 millions à	9,150,000	habitants.
Algérie, de 2,921,246 à	3,320,000	—
Régence de Tunis.	1,550,000	—
Régence de Tripoli.	725,000	—
Égypte, de 7,000,000 à.	8,600,000	—
États-Unis d'Amérique.	40,000,000	—
Baltimore.	315,000	—
Mexique	9,300,200	—
Mexico, de 215,000 à	250,000	—
Brésil, de 11,108,000 à	11,780,000	—
Rio de Janeiro, de 300,000 à . . .	420,000	—
Pérou, de 1,800,000 à	2,625,000	—
Lima	125,000	—
Chili	2.325,000	—
Santiago, de 115.000 à	150,000	—
Valparaiso	80,000	—

Ornements intérieurs.

Royaume de Perse, de 8,000,000 à.	10,350,000	—
Afghanistan	4,235,000	—
Hindoustan.	240,000,000	—
Chine.	425,000,000	—
Japon.	33,000,000	—
Iles de la Polynésie	2,763,000	—
Melbourne, de 190,000 à	215,000	—
Australie	1,674,500	—

FIN.

TABLE DES MATIÈRES

Paris. — Typ. Tolmer et Cie, rue du Four-Saint-Germain, 43.

www.ingramcontent.com/pod-product-compliance
Ingram Content Group UK Ltd.
Pitfield, Milton Keynes, MK11 3LW, UK
UKHW021654260726
13994UKWH00003B/1453